Requiem
pour
la Reine

J.J Studer

Requiem pour la Reine

ISBN : **978-2-9589425-1-9**
Dépôt légal : octobre 2022
Imprimé à la demande
jjackstuder@gmail.com

À la reine Elizabeth II

À la princesse sourde

…et à nos amis anglais

PROLOGUE

Notre arrivée en Angleterre a coïncidé exactement avec le décès de la Reine Elizabeth II. La mort de la souveraine n'était pas prévue au programme de ces quelques jours de vacances dans le Sussex.

Cet événement considérable nous a cueillis d'entrée, Macha et moi, à peine avions nous posé le pied sur le sol anglais. Cette étonnante coïncidence ne pouvait nous laisser insensibles, davantage encore que nous ne le pensions sur l'instant, une fois passé le choc de l'annonce du décès de la Reine d'Angleterre.

L'événement nous a touchés en profondeur et a rendu notre séjour inoubliable. Lui a donné une dimension supplémentaire. Spirituelle. Oui, spirituelle.

Nous avions été invités par nos amis anglais, les Jones, un délicieux couple de septuagénaires aussi anglais que l'on puisse l'être. Nous étions donc entre de bonnes mains.

Alors, comme nos hôtes, nous vous convions à fureter dans ce petit coin d'Angleterre pour revivre ces quelques jours, ces moments parfois d'apparence anodine, empreints *of course* du légendaire humour anglais, et surtout où affleure une émotion contenue. Celle qui nous étreint quand nous songeons à la vie qui s'enfuit.

Souvent, le meilleur dans l'existence est inattendu.

DAY 1

JEUDI 8 SEPTEMBRE 2022

Passées les quelques frayeurs d'usage, nous avons atterri en fin d'après-midi à Stansted, près de Londres. Sains (enfin, si on veut) et saufs.

Nous ne prenons quasiment jamais l'avion.

La dernière fois, ce fut pour rendre visite, justement, à nos amis anglais, trois ans plus tôt, avant le COVID. Et avant cela il faut remonter huit ans en arrière, à l'occasion de notre mariage à Venise, dans la plus stricte intimité, sans aucun invité, avec seulement les deux témoins indispensables, que nous ne connaissions pas : notre *wedding planner* et son assistante. L'annonce de nos noces n'avaient pas suscité un enthousiasme délirant dans notre entourage.

Mais c'est une autre histoire.

Notre empreinte carbone liée aux voyages aéronautiques est donc assez faible. Et notre connaissance des contraintes et aléas en la matière également. Aussi, avant de passer la douane, avons-nous été frappés de stupeur en découvrant une invraisemblable et interminable queue digne d'une attraction à Disneyland. Un contrôle inopiné et aléatoire de la non-dangerosité sanitaire des passagers ? À notre époque, tout est possible. A priori, nous sommes sains, Macha et moi, malgré la réserve émise au tout début de ce récit, qui se voulait purement humoristique. J'essaie de prendre un air détaché, et surtout SAIN. À quoi ressemble un type sain ? Je regarde autour de moi. La plupart ont l'air malade. Pas très frais. Éteints. Je fais appel à des souvenirs agréables, que la pudeur m'empêche de révéler, afin d'illuminer mon visage.

Après une attente qui a mis à rude épreuve mes nerfs déjà malmenés au moment de l'atterrissage, j'ai dû subir le regard inquisiteur du douanier, qui m'a scanné de la tête aux pieds. Mon air illuminé n'a pas eu l'air de lui plaire. Et puis, soudain, un doute : j'ai pensé à toutes les bouteilles d'alcool et les victuailles dans nos bagages, destinées à nos amis anglais. Et si c'était interdit ? J'avais eu des doutes à ce sujet au moment de faire les valises. Le foie gras, c'est illégal ? Je me voyais déjà bloqué à l'aéroport. Cela m'était arrivé vingt-cinq ans plus tôt à Milan où, en raison d'un invraisemblable concours de circonstances, j'avais passé la nuit avec des policiers italiens guère aimables alors que mes amis et connaissances me pensaient en compagnie d'une hôtesse de l'air.

Mais c'est une autre histoire.

Finalement, le douanier anglais nous a laissés passer sans encombre. Les chiens policiers britanniques n'étaient sans doute pas formés à renifler le foie gras.

Nous nous sommes retrouvés à l'air libre. Et là, autre moment de stupeur.

Dans le ciel le soleil brille.

Vous me direz, en quoi c'est stupéfiant ? Mais nous sommes en Angleterre, bon sang ! Un pays que nos esprits français imaginent sous une pluie quasi permanente. Même si, lors de nos deux précédents séjours cela ne s'était nullement vérifié, au contraire. Il faut dire, à notre décharge, que les météorologues nous avaient promis cette fois des trombes d'eau à notre arrivée et une certaine fraîcheur. Eh bien, non ! Il fait beau, le ciel est d'un bleu éclatant, malgré quelques nuages qui font de la figuration. Même la chaleur est au rendez-vous.

Sous notre imperméable et nos multiples couches de vêtements, nous avons l'air fin.

Notre chauffeur de taxi nous attend en bras de chemise, lui. Tout sourire. Il se prénomme Francis et nous parle en anglais. De la pluie et du beau temps. C'est vraiment de circonstance. Il me rassure : juste avant notre arrivée, c'était le déluge. D'abondantes flaques d'eau en témoignent encore.

Dans le taxi, notre chauffeur continue à nous tenir le crachoir. Par chance, je comprends sa langue. Lors de notre premier séjour en Angleterre, j'ai eu l'occasion de constater que je ne me débrouillais pas trop mal en anglais, malgré une absence de pratique depuis ma scolarité dans les années 70.

Heureusement, car je dois jouer les traducteurs avec Macha, mon épouse. Depuis sa naissance, elle est sourde profonde de l'oreille droite et sévère de la gauche, celle appareillée qui lui permet, associée à la lecture labiale et à une gymnastique intellectuelle permanente, de comprendre ses interlocuteurs, quand ils s'expriment, plus ou moins bien, en français et quand ils prennent la peine d'articuler convenablement.

En anglais, cela se corse. Et pour Macha c'est quasiment mission impossible de suivre les propos du chauffeur, qui de surcroît est de dos, avec en fond sonore le bruit du moteur, de la circulation routière et la radio en sourdine, qui parasitent sa prothèse auditive. Alors, je lui traduis l'essentiel de la conversation. Ce sera d'ailleurs mon rôle durant le séjour : traducteur de la Princesse. Ah bon, y a une princesse dans ce récit ? Oui. Et une véritable, qui en possède le titre officiellement. Issue d'une très grande lignée. Historique. Une princesse non pas anglaise mais russe. Qui n'est autre que mon épouse. Macha.

Mais c'est une autre histoire.

« La Reine n'est pas au mieux, ces derniers temps » nous dit le chauffeur. « Sa santé nous inquiète beaucoup » ajoute-t-il avant de monter un peu le son de la radio car, justement, il y est question de la souveraine.

L'annonce tombe telle un couperet.

Sa Majesté la Reine Elizabeth II est morte.

Silence. Pesant. Très pesant. Dehors, le ciel s'est assombri. Macha a compris sans que je traduise. Sensation étrange. Irréelle. Arriver ici à ce moment-là, c'est très troublant.

Après un temps, Francis nous dit sobrement : « C'est triste. » Sa peine est palpable dans le taxi. Nous ne savons que dire. Alors, d'une même voix, sans nous concerter, Macha et moi laissons échapper dans un soupir : « Sorry. » Il nous remercie.

Les têtes couronnées ne nous passionnent pas outre mesure, Macha et moi. Je dis « nous ». Précisons. Macha est issue, je l'ai annoncé, d'une riche et longue lignée princière russe, très proche des Tsars et qui ont bâti la Russie. La Révolution de 1917 les propulsa en France. Ses ancêtres tenaient à leur tête.

Mes ancêtres aussi se sont sauvés. D'Espagne. Ils ne fuyaient pas le bolchévisme, mais la misère, qu'ils ont retrouvée en France.

Mais c'est…vous connaissez la suite. Pour celles et ceux que cela intéresserait, j'ai depuis évoqué l'histoire de mes ancêtres, et plus précisément celle de ma mère, absolument incroyable, plus forte que la fiction, dans mon premier roman, ***Olga la vie***.

En gros, nos origines respectives ne nous prédestinaient pas spécialement, Macha et moi, à nous rencontrer. Une main providentielle en a décidé autrement.

Bon, je ne vous referai plus le coup du « Mais, c'est… » jusqu'à la fin de ce récit, promis.

Malgré la grande proximité de ses ancêtres avec les Tsars, Macha n'a jamais eu, pas plus que moi, d'intérêt marqué pour les monarques. Ce n'est certainement pas le cas de nos hôtes, les Jones.

Nous n'avons jamais abordé ce sujet avec eux, mais nous imaginons qu'à l'image de la plupart des sujets britanniques, ils doivent avoir un profond attachement à leur désormais défunte Reine. Et si c'est le cas, ils doivent être très affectés.

Tandis que le taxi nous transporte vers le lieu de rendez-vous avec les Jones à deux heures de route, Macha et moi, à voix basse, nous nous interrogeons à ce sujet. Dans quel état seront nos amis ? Nous devons les retrouver à l'hôtel où ils nous ont réservé une chambre. Nous espérons que la mauvaise nouvelle n'a pas eu trop d'impact sur eux car leur santé s'est déjà considérablement dégradée depuis notre dernière visite, trois ans plus tôt. Particulièrement celle de George. Il est allergique au médicament qui le maintient en vie et, pour le supporter, il en prend un autre. Cela l'oblige à dormir assis. Il rêve de pouvoir dormir de nouveau allongé.

C'est debout que nous le trouvons, avec son épouse, à notre arrivée devant l'entrée de l'hôtel

King's inn, l'auberge du Roi, dans un village du West Sussex, près de chez eux.

Georgina et George Jones, ça ne s'invente pas, ont des prénoms étonnamment semblables et, par bien des aspects, ils se ressemblent beaucoup et s'accordent parfaitement. Il faut les voir quand, de manière impromptue, ils se mettent à chanter, sans se concerter, le même air ancien, en parfaite harmonie. Un impeccable duo. Ces deux-là étaient faits pour vivre ensemble, et c'est ce qu'ils font depuis cinquante-quatre ans de mariage.

Même leur ample tenue vestimentaire à dominante bleue, de leur casquette jusqu'à leur pantalon, les rapproche. Ils portent des sneakers noires identiques, sauf en pointure. Un peu tassés et voûtés, ils restent malgré tout plus haut en taille que la moyenne, et que nous. Lorsqu'ils nous voient arriver, ils se redressent, comme ils le font toujours sur les photos.

Les connaissant, nous savons qu'ils nous attendent là depuis de longues minutes. À notre descente du taxi, ils nous réceptionnent avec le sourire et des paroles agréables. Comme si de rien n'était. Ils ont l'air en pleine forme. Nous plaisantons au sujet du beau temps qui nous a accueillis à l'aéroport et qui, après une légère dégradation durant le parcours, est revenu. Le jour ne va pas trop tarder à décliner, mais la température reste douce.

Nous sommes heureux de retrouver nos amis. Eux aussi, visiblement. Même si, réserve britannique oblige, cela ne donne lieu à aucune effusion. Cela n'en est pas moins fort. Macha et moi sommes malgré tout étonnés que la mort de la reine semble ne pas les avoir affectés. Ils n'en parlent d'ailleurs pas. Et nous non plus. Comme si cela n'avait pas eu lieu. Étrange. Mais bon, nous préférons cela plutôt que de les trouver effondrés, ce que nous redoutions tout de même un peu.

C'est notre troisième séjour en Angleterre et, à chaque fois, soleil et chaleur ont été au rendez-vous, même en décembre, rendant inutiles parapluies et imperméables que nous avions pris la précaution d'emmener. Je charrie George à ce sujet. Son rire secoue sa grande carcasse quand il me balance : « England is definitly too hot for you, Jay Jay ! » Ici, je suis Jay Jay, en raison des initiales de mon prénom, qui deviendront aussi celles de ma signature littéraire. Je le confirme à George, oui, l'Angleterre c'est vraiment trop chaud pour moi. Nous rions tous de bon cœur. À croire que le décès d'Elizabeth II n'a pas eu lieu. Ou bien qu'ils ne se sentent pas concernés. Et si c'était une fausse information ? De nos jours, tout est possible.

L'hôtel possède le charme de l'ancien. Boiseries, dorures, tissu mural rouge pourpre, peintures de scènes quotidiennes ou de personnages datant de plusieurs siècles. On se croirait vraiment en Angleterre, comme dans tout le village d'ailleurs, avec ses charmantes maisons du dix-huitième d'allure anachronique, sorties d'un livre d'images. Normal, nous sommes en Angleterre, pays où la tradition n'est pas un vain mot.

Cela nous surprend toujours, Macha et moi, que les rues soient si éclairées la nuit, les *pubs* si nombreux et si animés, même dans un tout petit patelin, les maisons si anciennes mais si bien entretenues et les gens si courtois. Tout est *so british*, flegme et humour compris. Nous n'avons pas seulement changé de pays, mais aussi d'époque. Cela n'est pas pour nous déplaire, n'est-ce pas.

Nous nous délestons de nos valises dans la chambre un peu vieillotte, puis nous proposons aux Jones de leur donner leurs cadeaux. Ils sont absolument ravis que nous ayons pensé à eux, mais ils préfèrent attendre. C'est déjà l'heure du dîner au restaurant de l'hôtel. Ici, on dîne tôt. Et l'heure c'est l'heure. Ce n'est pas pour me déplaire. Mon estomac gargouille. Je suis à jeun depuis l'insipide et misérable sandwich ingurgité à l'aéroport de La Rochelle. De plus, en prévision de ce séjour, j'ai entamé un petit régime afin de me délester d'un surplus de graisse abdominale qui fait de la résistance. En Angleterre, on mange souvent. Et beaucoup. Macha et, surtout, moi allons devoir être vigilants de ce côté-là. Ne pas trop craquer. Après mon premier séjour, j'ai dû investir dans une nouvelle garde-robe. L'ancienne était devenue incompatible avec ma surcharge pondérale anglaise. Nous voilà partis en direction du restaurant.

Avant de rejoindre notre table, je jette en passant un coup d'œil au buffet. Il semble avoir été prévu pour des types moyenâgeux en armure, de retour du combat. Végans s'abstenir. Derrière l'espace rôtisserie, un cuistot énorme et rougeaud, toque sur la tête, nous attend de pied ferme, couteau en main.

À peine assis, George m'invite à choisir une boisson. Ils ont une bière du coin pas mal du tout, qu'il me conseille. Contrairement à lui, je ne suis pas amateur de bière. Je préfère le vin. La dernière fois, j'avais eu droit à un breuvage tiédasse, trente ans d'âge, une bière fabriquée dans le plus grand secret par des moines trappistes, que j'avais fait mine d'apprécier. Cette fois, j'assure le coup en commandant une vulgaire blonde pression bien fraîche. George grimace. La bière, ça ne se boit pas frais selon ses critères de connaisseur. Macha se contente d'une carafe d'eau du coin. À ma grande surprise, Georgina et, surtout, George commandent une boisson citronnée. Ils ne boivent plus d'alcool. Problèmes de santé obligent. Je pense aussitôt au Cognac et aux autres bouteilles d'alcool que nous avons ramenés pour eux devenus d'un seul coup inutiles.

Nous trinquons. Je m'attends à l'évocation du décès de la Reine ; mais non, rien.

Au buffet, je choisis du poulet rôti. Le géant déguisé en cuistot me sert la moitié d'un volatile. Je n'en demandais pas tant. « It's ok ? » s'enquiert-t-il. « Oui, oui, c'est très bien. » Il n'a pas l'air de cet avis car il me demande si je veux autre chose, du jambon au miel, du gigot d'agneau, du rosbeef, du *toad in the hole*, traduction : du crapaud dans le trou. Je me demande si j'ai bien compris. En fait de batracien, me précise George, il s'agit de grosses saucisses de porc cuites au four dans une pâte. L'offre est tentante, et puis *le Chef* a la tête d'un type que l'on n'a pas envie de contrarier. J'opte pour la saucisse. Je préfère toutefois préciser : « Just a little bit. » Il me sert une part généreuse. Mon assiette déborde. Problème : il faut encore caser par-dessus tout ça le traditionnel *yorkshire pudding* (un machin immense bien nourrissant à base d'œufs, de farine et de lait), les gros petits pois d'un vert éclatant, le chou-fleur, les carottes et les patates présentes sous des formes diverses, le tout noyé sous une épaisse couche de *gravy* brun foncé, la traditionnelle sauce au jus de viande dont les Anglais en général, et George en particulier, raffolent. Mon régime va en prendre un coup, c'est sûr. George s'extasie devant mon assiette. Il y a de quoi.

À table, nos hôtes commencent à nous détailler le programme des dix jours à venir, qu'ils nous ont préparé et que nous avons déjà reçu. Rien n'est laissé au hasard, parfois au quart d'heure près. Un changement toutefois. Avant de nous en faire part, nos hôtes nous demandent si nous sommes au courant de la triste nouvelle. L'air grave, nous acquiesçons. « C'est incroyable que vous soyez arrivés à ce moment précis » déclarent-t-ils en chœur. Nous leur disons à quel point nous sommes désolés et leur présentons nos condoléances attristées. Ils nous remercient et nous assurent que cela n'affectera en rien notre séjour.

Ils se trompent ; mais ni eux ni nous ne le savons encore.

Le seul changement, ce sera la messe de requiem en hommage à la Reine, dimanche matin. Ce n'est d'ailleurs pas un changement pour nous, mais pour eux. Nous ne sommes pas pratiquants, ils l'ont compris. La messe dominicale ne figure donc pas dans notre programme, mais celle-ci aura un caractère exceptionnel, et ils ont tenu à nous en informer. Nous les voyons alors s'affaisser un peu sur leur siège. Leur regard s'est éteint. Ils s'autorisent quelques secondes de tristesse.

Cela ne dure pas et nous festoyons gaiement,

d'autant plus que si George a, provisoirement espère-t-il, renoncé à l'alcool, il n'en va pas de même avec la nourriture. Il a toujours un appétit d'ogre. Devant l'étalage de gâteaux, de glaces et de *custard*, une crème anglaise dont il abuse autant que de la *gravy*, il se ragaillardit. Il incite Macha à ne pas se restreindre. Son régime à elle aussi va en prendre un sacré coup. Mais bon, nous le savions avant de partir, même si nous nous étions promis de *faire attention*. Macha se lâche un peu sur les desserts. « Après ça, j'arrête » me dit-elle.

La panse prête à craquer, nous rejoignons notre chambre, où nous leur offrons, un peu gênés, les bières, la crème de cognac au caramel à la fleur de sel et le vrai cognac, le tout en provenance de l'île de Ré. Cinq bouteilles qu'ils ne pourront qu'admirer, enfin jusqu'à l'hypothétique fin de la prohibition. Heureusement nous avions aussi prévu des chocolats et des biscuits dans une boîte en fer décorative. Je cherche en vain le foie gras. Les chiens policiers, ou les douaniers, ont dû le bouffer. Macha me rappelle qu'en fait, au dernier moment, j'avais renoncé à l'emmener. Ma mémoire aime bien créer de la fiction. Vous comprenez mieux pourquoi j'écris.

Les Jones déballent leurs cadeaux avec des étoiles dans les yeux et des exclamations admiratives. On croirait deux gamins à Noël. Ce sont pourtant de très modestes présents comparés à leur générosité à notre égard. Cela nous fait plaisir de les voir ainsi et, là-dessus, nous nous quittons. Au moment de prendre congé, ils nous rappellent le rendez-vous du lendemain matin. C'est jour de repos. Nous avons droit à la grasse matinée, mais même crevés nous ne sommes pas de gros dormeurs, enfin moi c'est certain. Macha un peu moins.

Dans le lit, Macha et moi zappons un peu devant les programmes télévisés. La BBC se consacre exclusivement à la Reine. D'autres chaînes ont carrément suspendu leur activité en raison de l'actualité et affichent un écran noir avec un message sobre en hommage à Elizabeth II. D'autres auraient mieux fait de les imiter : certains programmes n'ont apparemment rien à envier à la débilité de ceux diffusés chez nous. Macha et moi ne regardons plus la télévision française depuis belle lurette. L'anglaise ne nous passionne pas davantage et nous éteignons sans regret la lucarne qui n'est plus magique depuis longtemps.

Couché, lumières éteintes, dans l'attente de m'endormir, je suis surpris d'avoir une pensée émue pour la Reine. Et Macha aussi aura eu la même, comme elle me le révèlera le lendemain matin.

Nous nous endormons donc, côte à côte avec la Reine en tête.

DAY 2

VENDREDI 9 SEPTEMBRE

Le lendemain matin, quand nous sommes
sortis de l'hôtel, une superbe Jaguar verte nous

attendait. Les Jones nous avaient-ils fait cette belle surprise ? Macha est dubitative. C'est vrai que nos amis anglais auraient du mal à s'engouffrer dans le véhicule, pas prévu pour leur gabarit et encore moins pour quatre personnes. Mais ça leur ressemble bien de nous avoir concocté une telle surprise. Peut-être est-ce juste une location, ou le prêt d'un de leurs nombreux amis, afin que nous puissions faire un tour dans le coin, Macha et moi, en amoureux. Ou pour prendre quelques photos du plus bel effet. Ce que nous faisons dans un premier temps car, pour le moment, personne à l'horizon. Les Jones, toujours ponctuels, doivent être dissimulés pour préserver la surprise, un truc du genre. Il est l'heure du rendez-vous et nous ne les apercevons pas. Ah si, les voilà, finalement, qui s'avancent. Ils arrivent du parking. Un grand sourire illumine leur visage. Avec eux, jamais de mauvaise humeur ou d'inconstance. Chaque jour est une bénédiction. Rien de forcé. Ils sont heureux de vivre, tout simplement. Et cette surprise avec la Jaguar les réjouit autant que nous.

Sauf que non.

En fait, la Jaguar appartient à un type qui vient la récupérer au même moment. Les Jones rient de bon cœur quand je leur raconte notre méprise. Cela fait également bien rire Macha, qui avait des doutes à ce sujet, dont je n'avais pas tenu compte. J'ai, c'est vrai, tendance à prendre mes désirs pour la réalité. Sinon, je n'écrirais pas. L'imagination c'est ça : du désir non assouvi.

Macha, déjà heureuse de vivre, et ce chaque jour, l'est encore plus en cet instant. Elle resplendit de bonne humeur. De mon côté, je me lève en général du bon pied, mais j'ai une fâcheuse tendance à pester contre ce qui m'agace, me contrarie. De nos jours, ce n'est pas la matière qui manque. Il suffit de jeter un œil sur l'actualité.

Ce matin, le principal sujet de mon irritation, essentiel, de la plus haute importance, s'impose de lui-même : le café. Rien à redire sur le *breakfast* hyper copieux que propose l'hôtel, et qui a donné le coup de grâce à mon régime.

Mais la boisson chaude que l'on m'a servie, censée être du café, c'était de l'eau vaguement colorée, imbuvable. Le thé de Macha était presque plus foncé. Mais bon, moi, le thé ça m'anesthésie.

Lors de nos deux précédents séjours, j'étais nettement plus tolérant quant à la qualité du café. Je me satisfaisais de celui d'une cafetière voire, ô sacrilège, d'une poudre marronnasse à laquelle l'ajout d'eau chaude donnait un ersatz de café.

Enfin, je ne m'en satisfaisais pas tant que ça en réalité. J'avais tenté divers procédés pour faire un café à peu près convenable, selon mes standards de l'époque, sans toutefois être totalement convaincu du résultat. Jusqu'à l'acquisition d'une machine à expresso. J'avais jusqu'ici résisté à George Clooney, mais j'avais fini par céder. Sans regrets. J'avais enfin redécouvert le vrai goût du café. Fort. Très fort. *Ristretto*. J'y suis devenu accro. Un véritable junkie. Si je ne suis pas caféiné à mort, je suis en manque. D'humeur massacrante. Comme le dit si bien le grand philosophe Sylvester Stallone : « Le matin, avant mon café je suis Rambo. Après, je suis Rocky. »

Je suis Rambo.

En Angleterre, il y a trois lieux incontournables. D'abord, le pub. Après une promenade dans la campagne, nous allons déjeuner dans un pub, nommé le *Queen's head*, comme deux-cent onze autres dans le pays. Tradition : la commande de boissons se fait au bar ; on peut trinquer et commencer à boire là, avant d'aller s'assoir, mais nous n'en ferons rien. Nos convives du jour, un couple d'octogénaires viennent de nous rejoindre, pile à l'heure. Alec, le mari, sort de plusieurs AVC. Il tient à peine debout avec l'aide d'une canne, il a les yeux vitreux, le teint cireux, le débit pâteux et Macha se charge de prendre sa pinte de bière pour la lui porter jusqu'à notre table, où nous rendons un court, mais vibrant, hommage à la Reine. On voit passer sur leur visage l'ombre du souvenir. Du temps disparu.

L'épouse d'Alec, Nicole, est nettement plus fringante que son mari. C'est une historienne et elle nous raconte les origines de ce coin d'Angleterre depuis l'âge de bronze. Cela nous occupe un bon moment. Les Anglais savent faire la conversation. C'est même un devoir. Question de politesse. Avec eux, les anges ne sont jamais de la partie et passent leur chemin.

Quand notre conférencière prend une bouchée de son *fish and chips*, si bien servi qu'il aurait suffi à nourrir toute la tablée, j'en profite pour traduire l'essentiel à Macha. Notre interlocutrice érudite prend le temps de bien mâcher afin que je puisse tout relater. Ces anglais ont décidément du savoir-vivre.

Une anecdote suscite particulièrement mon intérêt. Une légende circule au sujet d'un lieu bien précis dans la forêt environnante. La nuit tombée, au milieu des arbres, il y règne un silence surnaturel. Si on fait le tour de l'endroit en question sept fois à reculons, le diable apparaît. Il semblerait que certains aient tenté l'expérience au prix de leur vie. Je me dis que cela pourrait être un point de départ pour une histoire, adaptée ensuite au cinéma. Une bande de jeunes décimés, les uns après les autres, par une entité maléfique, ça fait toujours recette.

Alec, que la bière semble avoir revigoré, nous régale de quelques anecdotes vécues dans sa jeunesse. Sa mémoire sélective garde un souvenir vivace pour tout ce qui a trait aux filles et à la bagatelle. Cela introduit un quart d'heure moins culturel mais nettement plus leste. Tout le monde rit de bon cœur.

Le repas s'achève en apothéose : un double expresso pour moi. Très buvable. Un vrai de vrai. La caféine coule enfin de nouveau dans mes veines. Je revis. La tablée, qui carbure au thé noyé de lait à toute heure, ne peut pas comprendre. Dans mon splendide isolement, je savoure chaque goutte du divin breuvage.

Je suis Rocky.

Après avoir pris congé du couple, nous partons chez les Jones. Durant tout notre séjour, sauf pour les longs trajets qui leur sont devenus très difficiles, ils nous véhiculeront en permanence. C'est agréable de se laisser conduire, reconnaissons-le.

C'est dans leur voiture que, lors de notre première visite, Georgina nous a fait involontairement rire aux larmes. Toutes leurs connaissances, et les nôtres, ont eu droit depuis au récit de l'anecdote, y compris nos convives du déjeuner d'aujourd'hui. Toujours avec le même succès. Il s'agit ici de subtilité linguistique. Jugez-en par vous-même, chère lectrice, ou votre équivalent masculin, en sachant que cela ne s'adresse pas aux enfants. Si, donc, des yeux infantiles parcourent ces lignes, je les invite à sauter le paragraphe suivant.

Nous étions au tout début de notre premier séjour sur les terres de la fière Albion (élevons un peu le niveau avant ce qui va suivre). L'accueil des

Jones avait été chaleureux, mais il demeurait encore entre nous une certaine distance. La glace n'était pas encore totalement brisée. Elle n'allait pas tarder à l'être, et de quelle manière. Nous roulions dans la campagne anglaise et nos hôtes nous commentaient le paysage. Nous écoutions bien sagement. Je traduisais tout à Macha. Georgina, prise d'une soudaine inspiration, se retourna vers nous et en français, avec le charmant et léger accent anglais de Jane Birkin, nous balança : « Vous pouvez baiser ici, si vous voulez. » Après quelques secondes de stupeur, je lui répliquai : « Merci, mais on attendra d'être dans notre chambre d'hôtel. » Macha, George et moi-même ne pûmes contenir notre rire plus longtemps. Nous avions compris, pas Georgina. Elle semblait choquée et vexée de notre réaction, avant que son mari ne lui explique sa méprise, en anglais. Elle avait voulu dire que nous pouvions nous embrasser dans la voiture, échanger un baiser. Petit problème, employé en verbe le mot « baiser », devenu source de notre hilarité, n'a pas tout à fait le même sens… Georgina en rit encore.

À présent, les enfants peuvent reprendre la lecture du récit.

Pour préserver la quiétude de la petite ville où résident les Jones, sur la côte ouest du Sussex, nous en conserverons l'anonymat. Sachez simplement qu'elle est à taille humaine et qu'il fait généralement bon vivre dans cette station balnéaire au charme suranné.

Les Jones habitent une maison mitoyenne, à deux niveaux, avec des pièces assez petites, dans un quartier résidentiel, typiquement anglais. Les rues, comme souvent ici, sont étroites et le stationnement sur la chaussée ne permet pas de circuler sur les deux voies. Quand des véhicules doivent se croiser, cela oblige à faire preuve d'une grande civilité, de patience, à s'effacer devant l'autre et à pratiquer des manœuvres parfois compliquées, en principe sans se départir de son sourire. À peu près impensable en France, où cela finirait le plus souvent en insultes et pugilats, chacun voulant passer avant l'autre. Cette courtoisie s'explique, nous ont dit les Jones, par le caractère des insulaires qui, disposant de peu d'espace, n'ont pas d'autre choix. Ils ont retrouvé cela au Japon. Je ne suis pas certain qu'ils auraient eu le même raisonnement s'ils avaient séjourné en Corse, avec tout le respect que je dois à mes nombreux amis corses qui, ce n'est pas leur faute, ont le sang chaud comme beaucoup de méditerranéens. C'est un Marseillais qui l'écrit.

L'intérieur des Jones, d'une grande simplicité, n'a pas changé en trois ans. Ou si peu. Savoir en quoi précisément relèverait d'un jeu des sept erreurs, niveau très avancé. Georgina nous propose un thé. Elle risque à mon attention : « Or coffee ? » J'accepte poliment. Elle promet de faire de son mieux. De toute façon, lui dis-je, ça ne peut pas être pire qu'à l'hôtel. Ils rient. Ces gens rient à toutes mes blagues, comme Macha. Chez nous, en France, mon humour n'est pas toujours très apprécié.

Nous sommes installés dans leur canapé que les Jones, quand nous sommes présents, nous invitent à faire nôtre. Eux s'assoient sur des sièges moins confortables. Je sirote vaguement ma boisson chaude qui, soyons honnête, n'a qu'un très lointain rapport avec le café. J'attendrai un peu avant de la poser sur le guéridon à côté de moi et de ne plus y toucher.

Macha et moi percevons quelque chose d'inhabituel chez nos hôtes. Ils paraissent gênés. Différents. Affectés. Ils s'adressent à nous, en duo comme souvent.

« Nous vous prions de nous excuser pour hier soir. Nous n'étions pas très bien. You know. La mort de la Reine. It was so sad. » Oui, c'était si triste, mais ils n'en avaient pratiquement rien laissé paraître, en tout cas à nos yeux. Pas aux leurs. Cet aveu ne leur ressemble pas. En temps normal, ils sont adeptes de la devise anglaise : « Never complain, never explain. » Ne jamais se plaindre, ne jamais se justifier. C'était également celle d'Elizabeth II.

Qu'ils aient dérogé à leur règle en dit plus long que n'importe quel discours quant à leur émotion.

Ils se livrent un peu, évoquent le couronnement d'Elizabeth II vécu dans leur enfance. Les souvenirs émus affluent. Ils nous disent qu'ils vont dorénavant devoir chanter *God save the King* et qu'ils craignent de se tromper. Cela va leur faire drôle. Ils vont devoir s'y habituer. Ils n'ont pratiquement toujours connu que la Reine. Mais si *God save the Queen* c'est désormais du passé, ils ne voient pas encore en Charles le souverain qu'il est devenu de facto à la mort de sa mère. Quand il sera couronné, après la période de deuil, l'année prochaine, peut-être… Nous les sentons troublés, perturbés. Presque démunis. Nous ne les connaissions pas sous ce jour. Cela nous touche.

Ils finissent par se ressaisir et nous parlent de la *party* informelle, qui aura lieu chez eux demain soir. Porter un toast à la Reine et au Roi s'imposera. Nous serons neuf convives dont Richard, le prêtre qui célèbrera la messe en hommage à Elizabeth II. Cette fois, nos hôtes vont un peu plus loin et nous glissent que nous sommes les bienvenus à la cérémonie religieuse, mais qu'il n'y a aucune obligation de quoi que ce soit. Macha s'empresse d'accepter sans mesurer ce que cela impliquera le moment venu. J'acquiesce. On verra bien quand nous y serons.

Une nouvelle fois, les Jones nous assurent que tout cela n'aura aucune incidence sur notre séjour. Une nouvelle fois, ils se trompent.

Nous allons constater leur erreur au cours de

la promenade que nous partons faire, Macha et moi, seuls, *en amoureux*. Le soleil chauffe bien, ça sent les vacances. Cela donne envie de flâner. De se laisser porter. On pourrait aller savourer une glace en marchant le long du rivage. Profiter du beau temps. Se laisser vivre.

Bon, au début on s'est carrément paumés et nous avons longtemps erré dans les rues résidentielles, puis atterri sur des voies périphériques longues de plusieurs kilomètres, totalement déprimantes, avant de nous apercevoir que nous aurions pu emprunter un chemin plus agréable et beaucoup plus court pour atteindre le cœur de la ville.

Il faut parfois se perdre pour se trouver.

Dans la première rue piétonne que nous empruntons, les vitrines des magasins attirent notre attention. Elles ont toutes un point commun : la Reine. Rien de morbide, cependant. Partout, sa photo, un texte de gratitude en hommage et un bouquet de fleurs colorées.

Dans ces témoignages, on sent une proximité avec la Souveraine, rien de compassé ni de convenu, mais aussi, bien plus que de la dévotion, un immense respect. Certains ont écrit en gros : « Thank you Ma'am. » Merci Madame.

C'est assez poignant, tout ça.

On imagine, on sent la profonde tristesse de tout un peuple. Cela saute aux yeux. C'en est presque palpable. Toutes ces personnes viennent de perdre un être cher, cette dame, leur Reine, présente pour la plupart durant toute leur vie. Et, à présent, elle est morte.

Nous nous approchons d'une devanture.

Macha me devance et se fige devant un portrait d'Elizabeth II, posé sur un petit chevalet. La souveraine sourit.

Je m'apprête à prendre Macha en photo, à côté de ce portrait de la Reine, quand soudain, sur l'écran du téléphone, je vois son regard changer. Se voiler. Elle semble au bord des larmes, mais aucune ne coulera de ses yeux bleus perdus dans le lointain.

Cette émotion soudaine, inattendue, imprévisible, transfigure Macha. Elle se redresse un peu plus. Son corps est là, mais elle semble ailleurs. Dans une autre dimension. Celle de ses ancêtres princiers ?

La Reine vient de la toucher, dans toute sa majesté.

Nous renonçons sans même y penser à déguster une glace. Sur le chemin du retour, nous demeurons un long moment silencieux.

Recueillis.

DAY 3

SAMEDI 10 SEPTEMBRE

« Tea or coffee ? » Le serveur de l'hôtel, tout de noir vêtu, nous accueille avec le sourire et cette phrase rituelle dans la salle à manger pour le *breakfast*. C'est un jeune type, un peu lourdaud, qui s'active beaucoup et transpire tout autant. Comme la veille, un pan de sa chemise blanche dépasse de son pantalon froissé. Il s'est peut-être couché quelques heures tout habillé avant de reprendre le service.

J'aime l'atmosphère des hôtels. Je suis né et j'ai vécu mes premières années dans un hôtel, à Marseille, celui où ma mère travaillait. Elle faisait les chambres et nous habitions sur place.

J'aime ce lieu de passage, où l'on croise, plusieurs jours durant, des inconnus avec lesquels s'établit une sorte de proximité, au moins géographique. Ce ne sont pas des voisins, souvent chiants à la longue et que l'on doit se coltiner durant des années, parfois avec des envies de meurtre légitimes ; ce ne sont pas non plus des étrangers que l'on croise furtivement dans les lieux publics, que l'on ne reverra jamais plus et qui ne laissent aucune trace en nous. Ce sont des intermédiaires. Solitaires, en couple ou en groupe, ils m'inspirent des fragments de personnages, des débuts d'histoire quand, attablé comme eux, je les observe à la dérobée.

Regarde-t-on vraiment les autres ? Le tolèreraient-ils ? Nous voulons être vus, pas dévoilés.

Un hôtel c'est un peu un livre, à mes yeux. À lire, ou à écrire. J'aime être dans un hôtel. Je m'y sens chez moi, dans mon élément. Bien entendu, cela renvoie, je l'ai dit, à ma plus tendre enfance – à ma mère aujourd'hui disparue. Dans le va-et-vient du personnel, ballet plus ou moins bien chorégraphié ou exécuté, chaque jeune femme pourrait être ma mère, celle des années soixante, qui cherchait à s'en sortir. L'une d'elle est même enceinte… Comme ma mère à l'époque, quand elle attendait cet heureux événement qui prendrait mon apparence.

Mon regard sur les femmes qui gagnent leur vie en faisant le ménage, sur celles qui servent les autres, comme le faisait ma mère, s'en ressent forcément. J'éprouve toujours une forme de tendresse à leur égard. Bon, je fais quand même attention que cela ne soit pas mal interprété, et je tâche d'être le plus discret possible. Cela ne me dispense pas de sourire à ces femmes. Et de les regarder. Vraiment. D'échanger avec elles quelques phrases.

Le garçon qui nous accueille bénéficie, malgré son apparente appartenance au genre masculin, d'une semblable attention de ma part, avec un peu moins de tendresse, soyons franc. Il sera à l'origine d'un grave incident. À sa question « Tea or coffee ? » j'apporte une réponse inhabituelle. Je lui demande si c'est possible d'avoir un autre genre de café (je pense : du vrai café, mais n'en dis rien), provenant, par exemple, de l'imposante machine à expresso, dans son dos, celle du bar encore fermé à cette heure-ci, j'en ai bien conscience. Je prends quelques précautions oratoires, m'excuse, remercie. Ici, on se dit *sorry et thank you* à tout bout de champ, ce n'est pas seulement un signe de politesse mais aussi de ponctuation. Je m'attends à une réponse négative. À la place, il me dit : « Americano ? » en se retournant et me désignant la machine en question. La veille au soir, j'avais vu circuler quelques cafés bien foncés, dans des tasses au volume respectable. Peut-être bien des américanos. Je lis d'ailleurs en même temps le nom sur une ardoise. J'en déduis que c'est ce qu'il me faut. « Yes, Americano. » Dans mon esprit, c'est du vrai café, genre expresso, mais en quantité dans une grande tasse. Le pied. Je me sens revivre.

Comme la veille, j'essaie, sans grand succès, de me restreindre au buffet.

Macha, plus raisonnable, fait dans les fruits ; moi, dans le cholestérol. Chacun son truc.

Notre serveur, toujours débraillé et suant à grosses gouttes, revient rapidement avec nos boissons chaudes. Point de tasse pleine de café fumant sur le plateau. Je fronce les sourcils. Il me rassure aussitôt. L'Americano est dans la cafetière ventrue qu'il dépose devant moi, ça évite de payer un supplément. Ce garçon m'est vraiment sympathique. Plus pour très longtemps.

Je verse le breuvage dans ma tasse. Dans certains lieux inhospitaliers de la planète, dans les campagnes les plus reculées où le réseau d'eau potable laisse grandement à désirer, l'eau du robinet doit ressembler à ça. Son goût aussi. Ce prétendu café est encore pire que celui ingurgité la veille. Au-delà de l'imbuvable, comme moi à cet instant.

Je suis Rambo II.

Macha et moi faisons ensuite une promenade dans le coin, assez bucolique, histoire de me calmer un peu. La nature verdoyante c'est bon pour les nerfs, en principe. Pas certain que ça marche avec moi.

L'automne n'a pas encore commencé son œuvre, la campagne anglaise verdoie toujours, on se croirait en plein été. Ciel presque sans nuages, d'un bleu étincelant. Nous découvrons une église, forcément d'un autre siècle.

Ensuite, en contrebas, nous empruntons un chemin privé avec droit de passage, une fois ouverte la barrière règlementaire, le long d'un petit cours d'eau champêtre. Dépaysement assuré. Les traces de toute civilisation ont disparu, à part nos vêtements et le téléphone portable avec lequel je mitraille Macha. J'en oublie mon manque de caféine. Macha c'est quand même un peu ma came, reconnaissons-le.

À notre retour, Georgina et George nous attendent, pile à l'heure toujours de bonne humeur dans leur tenue toujours bleue, raccord avec le ciel.

George me dit que la Triumph a un peu de retard. Moi aussi car je ne comprends pas tout de suite, avant de rire. Il faisait allusion à cette histoire de la Jaguar, la veille.

Au programme, le deuxième lieu incontournable ici. Le troisième, que Macha et moi attendons avec impatience, ce sera pour un peu plus tard. La veille, nous avons eu droit au pub. Ce matin, c'est donc au tour de l'église.

Lors de notre premier séjour ici, nous avons découvert l'anglicanisme, enfin certaines de ses différences les plus spectaculaires avec le catholicisme. On l'aura compris, Macha et moi ne sommes pas des experts en théologie. Alors lorsque George nous avait présenté une grande femme très avenante et marrante comme étant une femme prêtre, nous avions ouverts de grands yeux. « Ah bon, les femmes peuvent être prêtres ici ? ! » Oui, et elles peuvent même se marier ; et faire des vidéos où elles dansent le French Cancan, certes pour une œuvre de charité. George nous le prouva en nous montrant sur son téléphone la vidéo en question. Les femmes prêtres, dont celle qu'il venait de nous présenter, y soulevaient leur soutane et projetaient allégrement leurs jambes en l'air et en rythme avec des cris enjoués. Le *Moulin Rouge* version religieuse. Ah ouais, quand même.

On doit la religion anglicane au roi d'Angleterre Henri VIII. Au XVIème siècle, il rompit avec le Pape Clément VII qui l'emmerdait un peu trop. Henri voulait divorcer et se remarier. Le Pape, qui devait au préalable dissoudre l'union, ne voulait rien savoir. Qu'à cela ne tienne, le roi s'autoproclama chef de l'Église afin d'être libre d'agir à sa guise. Être roi n'a pas que des inconvénients, surtout quand on s'appelle Henri VIII. Il se sépara donc de son épouse et de l'Église catholique. Church of England was born. Une Église est née.

« Tee or coffee ? » me dit la femme qui nous accueuille, le sourire aux lèvres, dans l'église, datant du XIème siècle, que fréquentent les Jones. Cette question, la même que celle posée par le serveur à l'hôtel, ce même matin, avant qu'il ne tente de m'empoisonner, me crispe un peu. *Coffee* est un mot devenu sensible, très sensible, et je suis à fleur de peau quand je l'entends. La dame est *churchwarden*. Elle s'occupe de l'édifice et de veiller à la préparation des offices. C'est un peu la gardienne du Temple. Rouquine aux bonnes joues, prénommée Sally, elle est encore jeune, une petite cinquantaine, autant dire une gamine : ici, nous rencontrons toujours des personnes nettement plus âgées que nous, ce qui est rassurant à plus d'un titre. D'abord, on se dit que l'on n'est pas si vieux que ça, après tout ; et puis qu'il y a encore une vie possible après soixante-dix ans, et au-delà. Ces personnes ont encore une vie. Diminuées ou non physiquement, elles ne sont pas prématurément envoyées à la casse.

Sally est charmante, comme à peu près tous les gens que les Jones nous font rencontrer, son sourire est désarmant, mais voilà, elle vient de prononcer LE mot. Café. Je grimace. Il faut dire que nous sommes venus en partie pour ça, le café. Ce samedi matin, c'est le *coffee morning*. Une ou deux fois par mois, les paroissiens en organisent un, ils font de gros gâteaux, du thé, du café (enfin, une chose censée en être) et le produit des ventes sert à entretenir l'édifice religieux. Chacun donne ce qu'il veut, en général un billet de dix livres. L'entretien et le fonctionnement du bâtiment coûtent soixante-neuf livres par jour. Il faut bien les trouver quelque part. Les *coffee morning*, et quelques autres événements, servent à ça.

Ici, les églises ne sont pas que des lieux de culte, mais également de rencontre. D'entraide aussi. Les fidèles forment une communauté, se soutiennent les uns les autres en cas de coup dur. Les fonds recueillis servent également à diverses œuvres de charité. À l'entrée de l'église, il y a une caisse où l'on peut déposer des denrées alimentaires. Sally s'occupe également de la Banque alimentaire du coin. George l'interroge à ce sujet. Elle l'informe distribuer de plus en plus de repas, environ trois cents personnes par mois en bénéficient, davantage ces derniers temps. Cela révolte George que, dans son pays si riche, tant de personnes ne puissent pas se nourrir décemment. Il fulmine avec flegme mais vigueur.

Oui, les gens sont presque tous aimables, ici. C'est naturel, je pense, même si en présence de Macha cela s'accentue. Elle ressent une forme de déférence, de respect, dans le regard posé sur elle, l'attitude à son égard, la façon de s'adresser à elle, mais sans obséquiosité. C'est sincère. Elle est *Princesse Macha*. C'est ainsi que George la présente invariablement. Malgré elle, Macha incarne ce que représente une princesse digne de son rang : charme, retenue, maintien, simplicité, élégance physique et morale. C'est dans ses gênes, je pense. Enfin, ceux que la loterie génétique, injuste avec d'autres, lui a généreusement accordés.

Et ici, dans une monarchie, une Princesse c'est sacré. On l'admire, on la vénère, on la célèbre, on s'en inspire. Au début, Macha était un peu gênée de toute cette attention, de cette ferveur. Princesse c'est certes son titre officiel, hérité de ses ancêtres, mais elle n'est pas habituée à l'entendre prononcer en public avant son prénom ni à susciter un tel engouement. C'est une princesse de haut rang, mais elle ne possède ni château, ni terres, ni bijoux de grande valeur, ni œuvres d'art, ni fortune, à part un Livret bleu, un PEL et une assurance-vie assez modestement garnis. Elle possède bien un carrosse tiré par cinq chevaux mais fiscaux. Elle a quand même une belle garde-robe, et pas mal de paires de chaussures. En France, elle est simplement Macha. Ici, c'est un autre monde où elle est une autre : elle-même ? Son héritage génétique s'y exprime pleinement. Elle est un peu comme les super-héros, avec une double identité.

Je décline poliment la proposition de Sally. Je me contenterai d'un verre d'eau. Sans pâtisserie. Les Jones tentent le café. Eux, ils sont immunisés. Au passage, George rafle plusieurs parts de gâteau. « C'est pour soutenir l'œuvre de la paroisse » me dit-il. Effectivement, il redonne un autre billet à Sally. Macha s'en tient au thé, accompagné tout de même d'une généreuse part de gâteau au chocolat. Elle fuit ostensiblement mon regard réprobateur.

Ici aussi, forcément, un petit autel en hommage à la Reine a été dressé. Macha et moi nous nous y attardons.

Nous nous installons dans le fond de l'église, où Sally vient nous faire partager son savoir sur cet édifice religieux, monument classé en raison de son intérêt historique et architectural. Cela nous permet de découvrir un mot nouveau : *anchorite*. Je comprends qu'il s'agit d'un homme de Dieu qui a choisi de se retirer du monde et de vivre le restant de sa vie enfermé dans une petite cellule, attenante à l'église. Aujourd'hui, il en subsiste une lucarne visible dans le mur, par laquelle on le nourrissait, et qui permettait aux visiteurs, venus le consulter, de s'adresser à lui. Quels conseils attendait-on de cet homme ? Vivre reclus, être hors de la vie, hors du monde, cela ressemble à écrire. Quand on écrit, on vit reclus, on ne sort plus. Rien d'autre ne compte que les mots alignés sur la feuille. Comme en ce moment-même. Quand on recrée ainsi la vie, on s'en soustrait.

Nous trouvons la traduction de *anchorite* sur internet. Anachorète. Pas certain que l'on en ait souvent l'usage une fois rentrés en France. Cela aurait peut-être pu servir durant la pandémie où l'on vivait reclus. Nous étions des anachorètes sans le savoir. Pour dissiper tout malentendu, sachez que le confinement n'est pas l'élément déclencheur de mon désir d'écrire. Il existe depuis mon enfance.

Dès le CM2, j'ai couché de la fiction sur le papier, en faisant croire qu'il s'agissait de la réalité. Non sans succès. J'ai persévéré dans cette voie, et puis j'ai arrêté. Normalement, je n'aurais jamais dû ni arrêter ni recommencer.

Jusqu'à aujourd'hui.

Princesse Macha, qui a honoré l'église par sa présence, a droit à une grande faveur. Un accès privilégié, interdit aux visiteurs, à l'espace qui surplombe les lieux. Sally l'invite à monter avec moi à l'étage, où un orgue majestueux domine tout.

Nous empruntons un étroit escalier en bois, qui mène à l'orgue. À n'emprunter que strictement à jeun, sous peine de chute.

Là-haut, du balcon, nous avons une vue imprenable sur l'église. Manière de s'élever. Macha rayonne. C'est plus fort que moi : elle attire mon regard sans le vouloir et me détourne du décor pourtant majestueux. L'espace d'un instant, aussi fugace que fort, je prends conscience de ma chance.

Avant elle, les princesses n'existaient que dans les livres. Aujourd'hui c'est dans ma vie.

Arrive le moment tant attendu : la visite chez Marks et Spencer troisième endroit incontournable. Une institution comme le pub et l'église. Les Jones en sont devenus actionnaires, ils en sont fiers. Ils viennent récupérer leur commande destinée au buffet de ce soir. Mais pas seulement. Ils aiment venir ici. Ils ne sont pas les seuls. Le lieu est très fréquenté même en matinée un jour de semaine, particulièrement la grande cafétaria, qui propose elle aussi une variété impressionnante de gâteaux, avec des parts gigantesques, tous plus tentants les uns que les autres. Si vous avez une fâcheuse tendance à la gourmandise et si vous voulez entreprendre un régime amincissant, ou si vous ne voulez pas en entreprendre un, je vous donne un conseil : n'allez surtout pas en Angleterre pour y séjourner. Vous voilà prévenus.

Dans les allées du magasin, côté alimentation, Macha et moi nous extasions devant quelques pots de moutarde de Dijon. Le précieux condiment a disparu des rayons de notre Hyper U depuis des mois. Revoir des pots, ça nous fait quelque chose. Macha les photographie. Chez nous, un pot de moutarde ça se revend à prix d'or au marché noir. Y a pas mal d'annonces sur *Le bon*

coin.

Quand j'explique aux Jones pourquoi Macha prend en photo les pots de moutarde, ils nous regardent comme si nous venions d'une autre planète. Non, non, juste de la France en 2022. Puis ils pensent qu'il s'agit d'humour. Mais non. C'est la stricte vérité, qu'ils finissent par croire, mais avec quelque difficulté.

N'écoutant que leur cœur, ils nous feront la surprise de nous offrir un pot de moutarde Maille qu'ils détiennent chez eux. Si un jour on m'avait dit que je serais heureux de recevoir en cadeau un pot de moutarde…

Ensuite, emplettes pour nous, croque-monsieur pour tout le monde au restaurant du magasin et, surtout, vrai café. Yes !

Je suis Rocky II.

En fin de journée, chez les Jones, tout est prêt pour la *party*. Le buffet est installé, copieux *of course*. Il ne manque plus que les invités. Ils sont anglais, donc ponctuels. Tous sont nettement plus âgés que nous et arrivent autour de 18h30, à quelques secondes près. Tous sauf Serenity.

Serenity est anglaise, mais éternellement en retard. Sujet de plaisanterie récurrent chez ses amis. Il n'y a pas qu'elle qui soit en retard. Les travaux de sa maison aussi. En Angleterre également c'est compliqué de ce côté-là. Cela l'oblige à camper dans ce qui n'est pas encore tout à fait une maison.

L'air de rien, Serenity fait finalement son entrée avec quinze minutes de retard, sous les vivats. Elle semble ne pas comprendre l'objet de cette liesse. Institutrice veuve et à la retraite, elle donne toujours l'impression qu'elle va vous engueuler. Elle nous jette un regard furibond, comme si nous étions les élèves chahuteurs de sa classe. Nous n'en menons pas large. Tout le monde se redresse sur son siège et se calme instantanément.

George invite Serenity à s'installer près de Macha, à l'endroit des *sans gluten*. Macha a eu l'imprudence de dire qu'elle évitait de manger trop de gluten. Elle s'est sans doute mal exprimée et les Jones ont compris qu'elle est allergique au gluten comme Serenity. Je taquine Macha en aparté dans son oreille appareillée. La nourriture sans gluten devant elle ne fait pas très envie, contrairement au reste. « Va falloir que tu t'enfiles ça » je lui glisse avec un rien de sadisme. Serenity, qui ne comprend pas le français, enfin j'espère, me tance du regard.

Hormis les plateaux de victuailles appétissantes, nous avons en face de nous, sur le canapé, Mary et Roger, un couple bientôt nonagénaire ; de l'autre côté de la table, George et Georgina ; Bill, un veuf stratégiquement installé face à Serenity ; et enfin, en bout de table, sur notre droite, Richard le prêtre de leur paroisse, en habits de ville décontractés.

Nous n'avons pas eu souvent l'occasion de nous retrouver, Macha et moi, face à un homme de Dieu. Même en civil. Pour être honnête, cela ne m'emballe pas plus que ça. Mes souvenirs du clergé ne sont pas très heureux. Premières années de catéchisme et communion. Je me souviens d'un curé qui s'obstinait à ne pas apporter de réponses claires à mes questions, à caractère scientifique, concernant certains événements relatés dans la Bible. De mon côté, je m'obstinais à ne pas satisfaire sa demande de péchés à avouer lors des confessions obligatoires. J'étais un peu en retard, question péchés. Il m'en souffla involontairement quelques-uns, que je m'empressais de confesser même si je ne les avais pas commis. Depuis, je me suis rattrapé en matière de péchés, toujours véniels, je tiens à le préciser, mais je ne vais plus à confesse.

Macha et moi, nous ne nous sommes pas mariés à l'église. Nous le souhaitions. Mais la situation religieuse et matrimoniale de Macha exigeait, d'après le prêtre, que nous en fassions la demande auprès du Pape, rien que ça. J'ai laissé le Saint-Père en paix, et les rues de Venise, en particulier la halle d'un marché, ont été notre église.

Macha, jamais rancunière, n'a pas mes réticences envers Richard, le prêtre que les Jones ont invité. Elle semble même être sous le charme de l'homme d'église. Il faut dire qu'il est canon. Attention, ici, *canon* ne veut pas dire qu'il est pas mal du tout comme mec, même s'il est assez avenant et possède un certain charme. C'est une distinction ecclésiastique. Si le Révérend Canon Richard Hampton plaît tant à Macha c'est grâce à ses lèvres, et à sa voix. Il prononce toutes les syllabes en les détachant dis-tinc-te-ment. Sa diction est par-fai-te. Macha comprend pratiquement tout ce qu'il dit, *in english*, sans ma traduction, traits d'humour compris. Un miracle.

Côté humour, je suis à mon aise avec les Anglais. Ici, il convient d'avoir de l'esprit en toute circonstance. Plaisanter est une seconde nature. Tout le monde se charrie aimablement. À une exception près : *Princesse Macha*. Ici, personne ne la charrie. Enfin, moi un peu, ce qui me vaut à chaque fois les huées d'une Georgina outrée par ce crime de lèse-majesté.

Exemple d'humour : George montre une photo de la maison de Serenity, qu'il a prise le jour-même. L'entreprise de travaux vient en effet d'afficher une banderole sur la façade avec le nom de la société. *Sussex contractor*. George a caché les trois premières lettres, cela donne : *sex contractor*. Prestataire du sexe. Je regarde aussitôt Serenity qui, à ma grande surprise, éclate d'un rire franc et sonore. Tout le monde l'imite, moi compris.

Peu après, George nous informe qu'il fait goûter au Révérend Richard toutes ses expériences culinaires. Aussi sec, sans réfléchir, je demande au prêtre s'il a une bonne assurance. Il s'esclaffe. Si on m'avait dit un jour que je ferai rire un prêtre, même anglican... Tout au long de la soirée, Richard se révèlera être un homme absolument délicieux, qui nous fera la conversation à Macha et moi, qui boira nos paroles, et aussi pas mal de vin blanc.

Avant cela, nous avons eu un moment plus solennel. Celui des toasts aux souverains. Georgina et George ont abandonné temporairement leur abstinence d'alcool, le temps de quelques petites gorgées. Il serait certainement sacrilège de porter un toast à feu la Reine et au nouveau Roi avec autre chose que de l'alcool. En l'occurrence un vague vin blanc pétillant anglais, que George s'obstine pourtant à qualifier de *Champagne*, malgré mes vives protestations.

Quand nous avons levé nos verres, toute

l'assistance a lancé : « The Queen ! » Une gorgée de *pétillant*, désolé George. Puis : « The King ! » Une gorgée. Et George, à notre grande surprise, a proposé un troisième toast en l'honneur de Macha. « The Princess ! » Une gorgée. Les joues de Macha se sont colorées et une lumière, encore plus vive que d'habitude, a illuminé son regard. Pas certain que ce soit sous l'effet de l'alcool. Comment ne pas se sentir confuse, honorée, émue d'appartenir, même de manière très fugace, à une telle Trinité ? La Reine, le Roi et la Princesse Macha.

Le temps passe vite. Nous regrettons que Richard prenne congé. Il doit travailler à la messe de requiem du lendemain. C'est lui qui la célèbrera. Bientôt, les autres convives se retirent. Roger veut savoir quand nous reviendrons. Il espère être encore de ce monde, lors de notre prochaine visite. Il a l'air d'en douter.

Avant de partir, Serenity s'adresse à nous deux, enfin plus spécifiquement à Macha. « Je pense que demain vous devriez venir à la messe. »

Macha est toujours partante, sans savoir ce qui l'attend. Elle acquiesce en silence. Chez Macha, le silence est un moyen de s'exprimer. C'est une Princesse, sourde.

DAY 4

DIMANCHE 11 SEPTEMBRE

La date du jour ne peut plus être anodine depuis 2001.

Dans notre calendrier du moment, c'est celle du Requiem en l'honneur de la Reine. Un moment qui va se révéler particulier.

Dans la voiture à l'arrêt, devant l'église, les Jones se tournent vers nous. L'heure n'est plus à la plaisanterie. Avec des paroles choisies, précises, ils s'adressent à nous. Ils ont dû travailler leur texte. Bien peser chaque mot, comme on pèse les âmes. En discuter ensemble la pertinence, la portée. Leur ton grave et bienveillant intrigue Macha. Elle se concentre sur leurs lèvres, mais n'est pas certaine de tout comprendre. Il est question de la messe. Ils sont très touchés de notre présence. Je réponds à leurs questions.

Dans l'allée qui mène à l'édifice religieux, Macha et moi marchons un peu en retrait derrière les Jones. Le temps est toujours aussi clair. À voix basse, Macha me demande ce que nos hôtes ont dit précisément. Je ne lui mens jamais. Depuis le début de notre relation, je lui ai toujours dit toute la vérité, rien que la vérité, je le jure votre honneur. Dire la vérité c'est une autre manière de mentir. Comme écrire.

Je lui explique que les Jones voulaient connaitre notre état d'esprit avant la messe, nous rassurer le cas échéant sur ce qui nous attend. Jusque-là, nous ne sommes jamais allés à la messe avec eux. Ni avec quiconque d'ailleurs.

Ma dernière messe remonte à une bonne vingtaine d'années. Quant à Macha, j'ignore si elle en a vécu ne serait-ce qu'une seule dans sa vie. J'ai donc dit à nos amis anglais ce qui était jusqu'alors implicite : nous ne sommes pas du tout pratiquants. Nous n'allons jamais à l'église, sauf en des circonstances très exceptionnelles. Une main suffirait à les dénombrer.

Les Jones ont tenu à nous dire qu'il n'y avait absolument aucune obligation et que nous pouvons encore renoncer, que nous ne sommes pas obligés de les suivre. Pendant ce temps, on ira se promener, ou les attendre au pub.

Ils évoquent ensuite la religion, la croyance. Croire ce n'est pas forcément aller à l'église. Croire c'est aussi douter. Donc parfois ne pas croire. Ce n'est pas seulement une affaire de religion, mais de comportement au quotidien. Si jamais nous les suivons dans l'église, nous serons totalement libres de ne pas aller recevoir l'Eucharistie, sur laquelle ils insistent. Si nous nous en dispensons, personne ne nous jugera.

Quand ils en ont terminé avec ce discours sensible et très humain, ils ont l'air soulagé.

De mon côté, inutile de mettre la pression à Macha. Je ne lui dis presque rien, élude l'Eucharistie, lui indique que les Jones ont juste évoqué quelques *détails techniques* sans réelle importance. Elle a quand même l'impression que je lui cache quelque chose. Je la rassure.

Quand nous pénétrons dans l'église, la fraîcheur du lieu nous saisit. Un autel provisoire a été dressé au centre, entre les transepts sud et nord. Ce n'est plus le joyeux lieu du *coffee morning*. Nous sommes vraiment dans une église. On sent une certaine solennité. Les paroles sont feutrées. Les sourires présents, mais furtifs. Discrets. Les fidèles arrivent. Ils seront très peu nombreux. Nous avons l'impression d'être dans le film d'Ingmar Bergman, *Les communiants*, avec une atmosphère un peu lourde, austère, où une poignée de paroissiens semble porter un fardeau et vient chercher en vain la délivrance lors de la messe. À défaut, un peu d'espérance. De réconfort.

Nous nous installons face à l'autel, dans la nef, au quatrième rang. Nous saluons en silence Mary, une des convives de la veille, qui vient d'arriver. Elle nous sourit du regard. Elle est affublée d'une extravagante et un peu ridicule tunique mauve pétant. Incongrue en ces lieux. Pas tant que ça, je le comprends en me retournant pour la regarder se diriger vers le fond. Elle porte en fait la tenue de rigueur, complétée de blanc, de toutes les personnes composant le chœur, qui n'attendait visiblement plus qu'elle pour entonner l'hymne d'ouverture.

« L'orgueil humain et la gloire terrestre,

l'épée et la couronne trahissent Sa confiance ;

ce qu'Il bâtit avec soin et peine,

tour et temple, tombe en poussière. »

Toutes les personnes accompagnent le chœur durant le chant, que nous avons sous les yeux sur une page du livret qui nous a été distribué. Toutes, sauf Macha et moi. Nous n'osons pas nous joindre aux autres. Les fidèles n'ont pas besoin de lire les paroles, mais restent tête baissée. Ils la lèvent quand Richard, notre plaisant convive de la veille, redevenu prêtre, apparaît dans toute sa splendeur. Il en jette, comme on dit. Hier soir, il portait une chemise blanche, ouverte sur son torse, avec un pull marron jeté sur les épaules et un pantalon crème. Ce matin, il est paré de sa longue et impeccable tenue liturgique, mauve et blanche. Ce n'est plus le même. Sa fonction se lit sur son visage d'une noblesse insondable. Il ne me viendrait pas à l'esprit de plaisanter avec lui. Il est redevenu un *homme de Dieu*. Sa voix nette, sereine, s'élève, remplit l'édifice et résonne. « Je suis la résurrection et la vie. » Impressionnant.

Après la prière de Pénitence, celle de la Collecte, du recueil silencieux ; puis, à voix haute, le prêtre rend hommage à la Reine. « Nous Te remercions pour la vie de feu notre Souveraine la Reine Elizabeth, pour l'amour qu'elle a reçu de Toi et qu'elle a montré parmi nous. »

Le temps s'écoule. Il s'arrête aussi. Il n'existe plus en cet instant. Il est suspendu. Prières et hymnes, repris par l'assemblée, se succèdent. Macha observe le silence ; moi aussi.

Vient le temps de l'Eucharistie. Un fidèle fait office de diacre et assiste longuement le prêtre pour la préparation. Chaque geste est étudié. Le prêtre se dirige tout au bout de l'église. La communion aura lieu à cet endroit. Les communiants s'avancent courbés dans la travée centrale, à pas lents et silencieux, d'abord ceux des premiers rangs, en procession. Macha et moi cherchons à voir ce qui se passe, tout là-bas. Les gens s'agenouillent devant le prêtre, qui se penche vers eux, on ne peut rien voir d'autre. C'est au tour des Jones de se lever. Le moment crucial. Que faire ? Rester là ? Nous le pouvons. Ils nous l'ont dit. Personne ne nous fera la moindre remarque à ce sujet. « Personne ne vous jugera. » Oui, mais nous-mêmes ? Nous. Macha et moi. Elle me regarde pour la première fois depuis que nous sommes entrés dans l'église. Ou plutôt, cette fois-là, je la regarde moi aussi. Elle m'interroge du regard. S'exprime en silence. « Qu'est-ce qu'on fait ? » Elle craint de ne pas être à la hauteur. Je réponds, en silence.

Entre nous, les mots sont inutiles.

Nous emboîtons le pas de Georgina et George. Un fil invisible semble nous relier à eux. Ils s'agenouillent au bout de la travée sur la gauche, nous en faisons de même. Nos voisins de droite communient. Le plus discrètement possible, nous cherchons à voir ce qu'il convient de faire. Nous ne voulons pas commettre d'impair. Ma dernière Eucharistie remonte à loin. À une époque où je vivais encore dans le monde de l'enfance avant qu'il ne s'effondre.

Macha et moi imitons nos voisins. Agenouillés, la main gauche sous la droite en forme de coupelle, près de notre poitrine, nous attendons l'offrande. La veille, Richard me tendait régulièrement, et avec assurance, le plat de mini wraps, posé devant lui. J'avais fini par décliner, invoquant ma bedaine grossissant à vue d'œil. « Faîtes comme moi, Jay Jay, m'avait-il répliqué. Inspirez un bon coup, puis ne respirez plus. » À cet instant précis, où il s'avance vers moi avec l'hostie, je ne respire effectivement plus, mais ce n'est pas pour rentrer mon ventre. C'est l'émotion. Et là, patatras. L'anicroche, la bourde. L'incident. Combien de cette sorte a-t-il pu connaître au moment de la communion sur les milliers de fois où il a célébré la messe ? Très peu, certainement. Peut-être aucun. Ce simple geste, accompli tant de fois, il vient de le rater. Avant de déposer l'hostie dans le creux de ma main, il l'a faite tomber sur le sol. Je reste un peu bête. Je me demande ce qu'il va faire. La ramasser ? Oui, il la ramasse. Elle est souillée. En termes d'hygiène, c'est limite quand même. Et puis, avec la dextérité d'un prestidigitateur il fait disparaître dans sa poche l'hostie récalcitrante et, comme par miracle, une autre, immaculée, apparaît entre ses doigts manucurés.

Cette fois, la pastille de pain sans levain, le corps du Christ, choit dans ma paume. Ce n'est pas fini, bien entendu. Je dois encore la prendre, la tremper dans le vin du calice, que le prêtre me tend, j'ai vu faire les autres. Ma main ne tremble pas et, délicatement, j'imbibe l'hostie avec le sang du Christ, avant de la déposer sur ma langue.

Ce que Macha a ressenti précisément restera un secret au plus profond d'elle-même. Je n'ai pas voulu le lui demander. Mais j'ai senti en elle une émotion profonde. Inutile d'y mettre des mots.

Nous sommes retournés à nos places pour la Bénédiction. C'est le moment de la fin. Il reste encore l'hymne national, je le vois sur le livret. Je repense alors aux propos des Jones, disant qu'ils craignaient de se tromper quand il faudrait chanter *God save the King*. Tout le monde se lève et entonne l'hymne à pleins poumons, sans erreur. À cet instant, on comprend qu'une page d'Histoire vient de se tourner. La Reine est bien morte. Macha et moi en frissonnons. Et, pour la première fois depuis le début de la messe, toujours sans nous concerter, nous joignons notre voix à celle des autres communiants, avec lesquels nous ne formons plus qu'un. Ce n'est pas notre pays. Ce n'était pas notre Reine. Mais ces gens, dans l'église, sont nos semblables. Ils sont *nous* et nous somme *eux*. Unis par le lien humain. Émotion très forte. D'une nature insaisissable. Sensation de vivre *quelque chose*.

C'est le moment du départ. Sur une petite table recouverte de l'Union Jack, le drapeau britannique, un portrait d'Elizabeth II, rayonnante et souriante dans sa tenue bleue, a été posé entre un bouquet de fleurs multicolores et un livre d'or où Macha écrit : « Mes hommages à la Reine Elizabeth II, qui a régné avec amour et grâce pendant 70 ans. Qu'elle repose en paix. Princesse Macha. » C'est mon tour. Je me saisis du stylo bille noir et reste la main levée en l'air sans rien pouvoir écrire. Cela ne me ressemble pas. Je n'ai jamais l'angoisse de la page blanche, plutôt de la page écrite. C'est la première fois que cela m'arrive. Macha a trouvé les mots justes. Amour et grâce. Je suis cloué sur place. Que puis-je écrire de mieux ? Je cherche encore.

Durant tout notre séjour, la Reine ne nous quittera plus. Les Jones étaient trop affaiblis pour se rendre à Londres, surtout en de telles circonstances. Nous n'aurions jamais eu le cœur à les abandonner, aussi nous ne sommes pas allés dans la capitale britannique rendre un dernier hommage à Elizabeth II, malgré notre désir de le faire.

D'autres l'ont fait. Des dizaines de milliers de personnes. Nous avons vu à la télévision cet incroyable rassemblement humain, cette inimaginable queue de vingt-quatre heures, le Gouvernement exhortant les gens à rester chez eux. Mais rien ne pouvait les arrêter.

Pas même la pluie qui a fini par être au rendez-vous. Comme des larmes versées.

ÉPILOGUE

Nous sommes rentrés en France le 18 septembre, après un épatant concert en hommage au groupe *Queen*, dans un lieu de vacances essentiellement réservé aux personnes d'un *certain*

âge (traduction : un âge très avancé), qui peuvent y redevenir jeunes sans paraître ridicules.

The show must go on.

Macha a repris le travail. Et je me suis lancé dans la rédaction de ce récit, sur une soudaine inspiration.

Le lendemain de notre retour, c'étaient les funérailles d'Elizabeth II. Les adieux à la Reine. Pour suivre l'événement, deux millions d'anglais dans les rues de Londres, cinq cents chefs d'Etat et monarques, quatre milliards de téléspectateurs dont les Jones. Mais pas moi. Je ne voulais pas me laisser distraire, détourner de mon travail d'écriture. Ni être influencé. Ni vivre ça sans Macha retenue à son travail. Malgré tout, sur mon téléphone, je n'ai pu m'empêcher de jeter un coup d'œil sur l'événement. Je suis tombé sur une photo des chiens de la Reine, deux welsh corgi pembroke. J'ai pensé à eux, aux chiens d'Elizabeth, orphelins. C'est toujours très triste de perdre un animal. C'est peut-être encore plus triste pour l'animal de perdre un être humain.

Durant cette décade en Angleterre, Macha et moi avons eu la chance de vivre l'Histoire à l'échelle humaine.

Nous avons partagé cet événement historique exceptionnel avec les Jones, nos amis. Lors du Couronnement d'Elizabeth II, Georgina avait 8 ans ; George, 7. Elle l'avait visionné sur la petite télévision des voisins, en noir et blanc ; lui croit se souvenir l'avoir vu au cinéma au moment des actualités. C'est si loin, mais toujours si présent en eux.

« Je n'ai rien d'autre à offrir que du sang, du labeur, de la sueur et des larmes » avait annoncé Winston Churchill à ses concitoyens lors de la seconde guerre mondiale, en mai 1940. Après le conflit, le rationnement, les bombardements, la peur, la destruction, la mort, après toutes ces privations, ces dures épreuves, après ces *heures les plus sombres*, le Couronnement d'Elizabeth II fut un bienfait pour le peuple anglais, heureux d'assister à cet événement, impressionnant, haut en couleur, brillante illustration de son histoire et de ses traditions. La fierté de tout un peuple. À l'école de Georgina, une reconstitution avait été organisée, en costumes, avec les élèves. Elle-même avait eu l'honneur d'être sélectionnée pour recevoir, des mains du Maire, des souvenirs commémoratifs de l'événement à distribuer aux quarante-six enfants de sa classe. George, lui, avait reçu en cadeau une figurine en métal doré de la Reine dans sa tenue du Couronnement, avec le Trône et, glissée en dessous, la *Stone of Scone*, la Pierre du Destin. Une sorte de petit banc en pierre. La légende dit qu'il s'agit d'une pierre magique, venue d'Égypte, sur laquelle les premiers rois écossais ont été couronnés au IXème siècle. Les Anglais l'ont prise, volé selon les Écossais, quatre siècles plus tard. Elle a été restituée à l'Écosse après le Couronnement d'Elizabeth II. Le petit George avait soigneusement installé ce précieux trésor sur la dernière étagère de sa bibliothèque. C'était la seule place possible, en hauteur. Pour le regarder, il lui fallait lever la tête.

Aujourd'hui, ces objets commémoratifs, et

d'autres, se vendent très chers sur le marché des antiquités. Les Jones ne les possèdent plus, mais leurs souvenirs ont une valeur encore plus inestimable. Elle augmente chaque jour qui passe.

Sur place, puis à notre retour, Macha et moi nous nous sommes surpris à nous intéresser à la Reine, à ce qu'elle représentait, à ce qu'elle incarnait pour les Jones, et tant d'autres. Un repère. Une référence. Une imperturbable permanence dans le fracas d'un monde chaotique. Sa mort marque la fin d'une époque. La leur. Elle les a renvoyés à leur enfance, quand il y avait encore devant eux tant de choses à découvrir. Leur corps a vieilli, pas leur regard.

La Reine c'était presque toute leur existence. C'était une femme également, une simple femme, qui n'a jamais désiré sa destinée. Mais désire-t-on sa destinée ? Cette femme de 96 ans, son parcours, son attitude, son influence sur les gens, que nous avons ressentie, nous a touchés sans crier gare. Bouleversés. À notre retour, nous avons commencé à visionner l'excellente première saison de la série *The crown*. Nous l'avions déjà vue, mais ce n'était plus pareil. La Reine nous était devenue proche. Elle revivait sous nos yeux. Elle semblait aussi nous montrer un chemin. Lequel ? Elle m'a en tout cas inspiré ces pages, que je n'avais pas prévu d'écrire, mais qui se sont imposées. Mon premier livre. « Merci, Madame. »

D'une certaine manière, elle m'a mis sur la voie. Remis sur les bons rails. N'est-ce pas, au fond, ce qu'elle a fait durant son existence ? Montrer le chemin. Guider. Inspirer.

Avec ce voyage, un sentiment de grandeur est passé dans nos vies. Quelque chose de plus grand que nous. C'est peut-être ça, la Grâce. En nous envolant pour l'Angleterre, nous n'en demandions pas tant.

Une main providentielle en a décidé autrement.

JJ STUDER – Lundi 26 septembre 2022 et Mardi 1ᵉʳ octobre 2024 pour la nouvelle version- France